シニアのズルして

足腰&おしりを鍛える体操40

鍛える

楽しい体操インストラクター
斎藤道雄 著

付 爆笑
ふ

JN005540

ごま！

まくら！

黎明書房

はじめに

かんたんに転倒予防と尿漏れ防止をする体操の本

この本は，シニアと支援者のための体操の本です。

詳しく説明します。

① シニアと支援者が，かんたんに，楽しく体操する本です。
② シニアがつまずかない，転ばないために足腰を鍛えます。
③ 尿漏れを防止するために，殿筋を強化します。
④ （おうちで）おひとりさまのシニアにもご活用いただけます。

「体操やレクをする時間がありません」

ある介護施設での現場スタッフの話です。

施設内の消毒の徹底。
食事を２回に分散。
シニアの買い物を代行。
感染者の対応。
感染症予防対策のため，介護現場の仕事が一気に増えました。

その結果，レクや体操をする時間が著しく減りました。

レクがなくなると。

刺激や変化が減る。
話したり，笑ったりする時間が減る。
メンタルに悪影響を及ぼす。
認知症が進行しやすくなる。

そして，体操がなくなると。

運動不足で足腰が弱くなる。
つまずきや転倒が増える。
けがをする人が増える。
よく眠れなくなる。

さらに，けが人が増えて，認知症が進行すると。

現場スタッフの仕事が，より一層増えることになります。
もう，レクや体操をする余裕なんてありません。

ということで，この本です。
この本は，体操を，よりかんたんに，より楽しく，より効果的にします。
ズルい体操とは，支援者とシニアが，ラクして，効率的に体を動かす。
という意味です。

たとえば，豆まき体操（40 ページ）。
支援者が鬼のマネをして，シニアは「鬼は外！」と言って豆をまくマネをします。
支援者がニッコリ笑ったら，シニアは「福は内！」と言って同様にします。
この体操は，判断する，運動する，声を出す。３つの効果があります。

この本には，このような，楽しくてかんたんな体操が満載です。

この本を読めば，シニアが笑顔になります。元気になります。
支援者も笑顔になります。仕事の負担が減り楽になります。
さあ，シニアも支援者も，楽しく体操しましょう！

みちお先生のズルい体操 10 の特長

1 **足腰を鍛える**
運動不足を解消して，足腰を強化します。

2 **殿筋を強化する**
おしりの筋トレになります。

3 **準備なしでできる**
道具，準備一切不要です。　　　　　　※ビニールふうせん体操を除く

4 **座ったままでできる**
イスに腰かけたまま，立ち上がったりしなくてもできます。

5 **かんたんにできる**
複雑で難しい動きはありません。シニアにかんたんにできる動作です。

6 **声を出す**
元気に声を出しながら，体を動かすことができます。

7 **笑いが生まれる**
著者の笑いのノウハウを実践して，シニアも支援者も笑顔になります。

8 **介護現場のレクや体操に役立つ**
体操の知識や技術を獲得することで，支援者のレクリエーション活動
の負担が軽減します。

9 **一人でもできる**
シニアおひとりさまにも活用できます。

10 **脳の活性化になる**
頭と体をいっしょに動かすことで，脳の活性化になります。

この本の使い方

① はじめにおススメの体操をしましょう！

② ほかの体操にもトライしましょう！

③ お気に入りの体操があれば，おススメの体操と入れ替えましょう！

朝の おススメ体操	① さくら体操→9ページ	
	お気に入りの体操記入欄	4回繰り返す
昼の おススメ体操	⑪ かかと押し出し倒し ↓ 20 ページ	
	お気に入りの体操記入欄	左右2回ずつ
夜の おススメ体操	㉑ トイレのポーズ ↓ 30 ページ	
	お気に入りの体操記入欄	4回 繰り返す

も く じ

付　爆笑ビニールふうせん体操 10

① さくら体操

ばんざいをして，できるかぎり全部の指をひらきましょう！

| ねらい
とききめ | 姿勢保持 | 胸のストレッチ |

楽しみかた

① 　両手を胸の前でグーにして，おじぎをします。
② 　胸を張って，ばんざいをして，両手の指を全開にします。
③ 　一休みして，４回繰り返します。さくらの花がひらく感じでどうぞ！

４回繰り返す

みちお先生のケアポイント

・急がずに，ゆっくりとていねいに動作しましょう！

笑いのテクニック
・にっこり笑って動作すると，雰囲気が明るくなります！

② たたいてふいて

片手はトントン，反対の手はゴシゴシ，両手同時にしましょう！

┃ねらい
とききめ 集中力アップ 手先の器用さ維持

楽しみかた

① 片手をグーにして，ドアをトントンとノックする動作をします。
② 反対の手はパーにして，窓をゴシゴシとぞうきんで拭く動作をします。
③ これを両手同時にします。両手が変な動きになって笑えます！

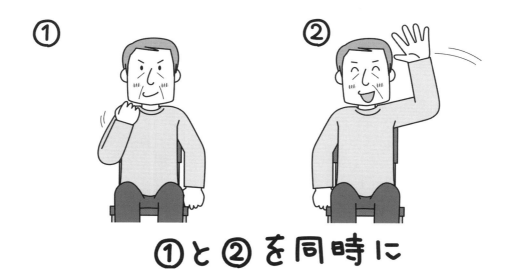

①と②を同時に

みちお先生のケアポイント

・はじめは片手別々に練習して，そのあとで両手同時にトライしましょう！

笑いのテクニック
・わざと両手を変な動きにしても笑えます！

③ はいチーズ

ふたつのポーズを聞き分けて，動作しましょう！

▌ねらい
　ときめ　　（顔の体操）

楽しみかた

① 　支援者は，シニアと向かい合わせになって，両手をつなぎます。

② 　支援者が「はいチーズ」と言ったらシニアはニッコリ笑って，「はいポーズ」と言ったらいい顔をします。

③ 　「はいチーズ」と「はいポーズ」をランダムに繰り返します。

みちお先生のケアポイント

・できる限り大げさに笑ったり，いい顔をしてみましょう！

笑いのテクニック

・笑顔のときは人差し指をほっぺたにつけ，いい顔のときは腕組みをすると盛り上がります！

④ 手を振って

大きくバイバイしたり，小さくバイバイしたりしましょう！

ねらい
とききめ　〔 腕のストレッチ 〕〔 肩の柔軟性維持 〕

楽しみかた

① 支援者はシニアと向かい合わせになります。
② 支援者は，（バイバイするように）手を大きく振ったり，小さく振ったり，速く振ったり，ゆっくり振ったりします。
③ シニアは支援者と同じようにマネをします。ニッコリ笑って，どうぞ！

みちお先生のケアポイント

・できるだけふたりの間隔を空けてすると実感がわきます！

笑いのテクニック
・支援者は（なかなかやめずに）いつまでも手を振り続けていると，笑えます！

⑤ 1・2・3・4・グーチョキパー

元気に声を出しながら，指先を動かしましょう！

ねらい
とききめ 　 声を出す 　 手先の器用さ維持

楽しみかた

① 「1，2，3，4」と言いながら，（両手の）指を1本，2本，3本，4本と伸ばします。

② 続いて，「グーチョキパー」と言いながら，両手でグーチョキパーをします。

③ この動作を，声を出しながら4回繰り返します。

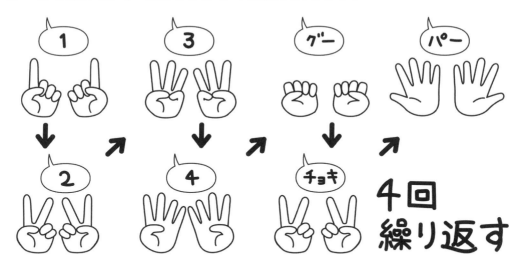

みちお先生のケアポイント

・指先に意識を集中してすると効果的です！

笑いのテクニック
・元気に声を出してすると盛り上がります！

⑥ いないいない・パー

「いないいない・ばあ」をする感じで，グーパーしましょう！

**ねらい
とききめ** (表情づくり)(手先の器用さ維持)

楽しみかた

① 顔の前で両手をグーにします。
② ニッコリ笑って，顔の横で両手をパーにします。
③ 「いないいない・ばあ」をするようにして，どうぞ！（4回繰り返し）

4回繰り返す

みちお先生のケアポイント

・口と手の指を全開にして，どうぞ！

笑いのテクニック

・パーのときに，驚いたり，怒ったりしても楽しいです！

⑦ うしろの正面なあに？

うしろにあるのはグーチョキパーのどれか振り向いて当てましょう！

▌ねらい
と ききめ 〔 体側のストレッチ 〕

楽しみかた

① 支援者はシニアのうしろに立ちます。

② 支援者はシニアのうしろで，グーチョキパーのいずれかを出します。

③ シニアは答えを言い，振り返って（上体をひねって）その手をのぞき込みます。正解したら大成功です。ランダムに繰り返します。

ランダム に 繰り返す

みちお先生のケアポイント

・支援者は，シニアの体力レベルに合わせて，見えそうで見えないような場所に手を出しましょう！

笑いのテクニック

・本当は正解しているのに，「ブブー，正解はチョキです」と答えを変えてしまっても笑えます！

15

⑧ エアふうせんバレー

ふたりでふうせんバレーをするマネをしましょう！

ねらい
とききめ 〔イメージ力アップ〕 〔手先の器用さ維持〕

楽しみかた

① 支援者はシニアと向かい合わせになります。

② （ふうせんは，なしで）ふうせんバレーをするマネをします。

③ 10回連続でします。最後は喜びのハイタッチをして終わります。

みちお先生のケアポイント

・両手をパーにして，顔の前で構えると，バレーボールらしくなります！

笑いのテクニック

・1から10まで，ふたりで，声を出してかぞえながらすると盛り上がります！

⑨ おなか伸ばしひねり

おなかを伸ばして，振り向くように体をひねりましょう！

| ねらい
とききめ　（柔軟性アップ）（血行促進）

楽しみかた

① 　足を肩幅にひらいて，両手を腰に置きます。

② 　胸を張って，おなかを伸ばします。

③ 　後ろを振り向くようにして，体をひねります。元に戻して，反対も同様
にします。（左右2回ずつ）

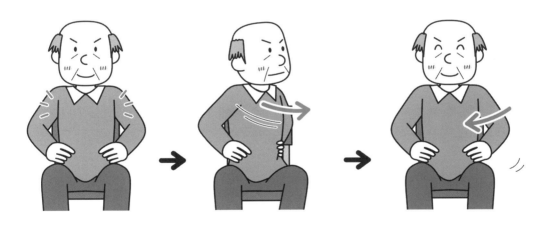

左右2回ずつ

みちお先生のケアポイント

・あまり無理をしないように。自分の動ける範囲でしましょう！

笑いのテクニック

・ニッコリ笑って動作すると，リラックスして楽しくできます！

⑩ 桜吹雪

桜の花びらが舞うように，両手を上から下に動かしましょう！

**ねらい
とききめ** （ 手首の柔軟性維持 ）（ 指のストレッチ ）

楽しみかた

① 　両腕を上に伸ばして，両手の指を全開にします。

② 　手のひらを，裏返しにしたり，表にしたりを繰り返します。

③ 　そのまま両手をひらひらと下におろします。桜の花びらがひらひらと舞い散るように，どうぞ！

みちお先生のケアポイント

・手首の力を抜いて，手のひらを反すように動かしましょう！

笑いのテクニック

・「（桜の花が）きれい！」という感じで，拍手をして終わると楽しいです！

コラム①

運動効果がアップする言葉がけの魔法

問題です。

「手を上げて」

これを，もっと手が上がるようにほかの言葉に変換してください。

正解は，「**腕と肩を上げて**」。

前者と後者では，**後者のほうが手が高く上がります。**

より腕が伸びます。

より体側も伸びます。

一見同じ動作でも，意識が全然違います。

言葉が意識になり，意識が動作になるからです。

ほかにも。

ぼくは，こんな言い方をしています。

「パーを出して」より「全部の指をいっぱいにひらいて」。

「足を前に伸ばして」より「かかとを遠くへ押し出して」。

「大きな声を出して」より「できる限り口を大きくあけて」。

一度，ご自分でも，試してみてください。

その違いを実感できるはずです。

この本にある体操の説明（楽しみかた）も，そんな言葉を使っています。

「どんな言い方をしたら体がより動くか？」

そんなふうに考えて言葉を選ぶと，体操の質が一段と向上します。

⑪ かかと押し出し倒し

かかとを遠くに押し出して，外に倒しましょう！

ねらい
とききめ　(ひざのストレッチ)

楽しみかた

① イスに浅く腰かけて，両手でイスを押さえます。

② かかとを押し出すようにして，片足を前に伸ばします。

③ そこからさらに，つまさきを外側に倒します。一休みして，反対の足も
同様にします。（左右2回ずつ）

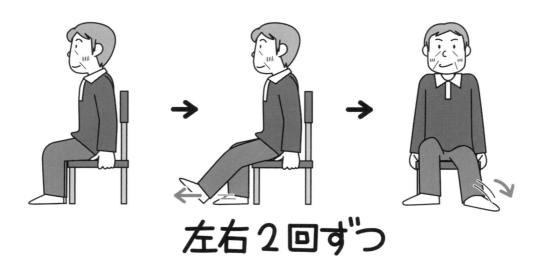

左右2回ずつ

みちお先生のケアポイント

・しっかりと安定したイスに座ってしましょう！

笑いのテクニック

・②の動作のときに，「ヤー」とか「ソレ！」とか声を出すと盛り上がり
ます！

⑫ なんちゃってリフティング

サッカーのリフティングの動作をボールなしでマネしましょう！

**ねらい
とききめ** （足腰強化）（イメージ力アップ）

楽しみかた

① サッカーボールをイメージします。

② 足の甲でボールを上に蹴る（リフティングする）マネをします。

③ 連続10回して一休みします。4回繰り返します。

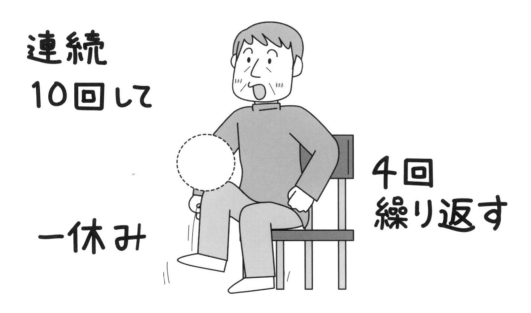

連続
10回して

一休み

4回
繰り返す

みちお先生のケアポイント

・支援者は，数をかぞえたり，手をたたいたりして，応援してください！

笑いのテクニック

・足だけでなく，ひざや頭を使うともっとリアルになります！

⑬ 急 停 止

支援者が足ぶみを止めたら，シニアも足ぶみを止めましょう！

ねらい
とききめ　　（足腰強化）

楽しみかた

① 支援者はシニアと向かい合わせになります。

② 支援者は，足ぶみしたり，止めたりをランダムに繰り返します。

③ シニアは支援者の動作をマネします。じょうずにマネできたら，大成功です！

足ぶみ　　止める

ランダムに
繰り返す

みちお先生のケアポイント

・胸を張って，腕を前後に振ってすると，運動効果がアップします！

笑いのテクニック

・大げさに腕を大きく振ったり，水の中を歩いているマネをしたりしても
楽しくできます！

⑭ 拍手で足ぶみ

支援者が手をたたくリズムに合わせて足ぶみしましょう！

▍ねらい
とききめ （足腰強化）（集中力アップ）

楽しみかた

① 支援者は「タン・タン……」と手をたたきます。

② シニアはそのリズムに合わせて足ぶみをします。

③ 支援者が手をたたくのを止めたら，シニアも足ぶみを止めます。一休みして，ランダムに繰り返します。

タン　タン　タン　ランダムに繰り返す

みちお先生のケアポイント

・支援者は，シニアの体力レベルに合わせて，動作をしやすいテンポでしましょう！

笑いのテクニック

・慣れてきたら，超スローモーションにしたり，スピードアップしたりしても楽しくできます！

⑮ とじてひらいて

手をとじたら足はひらいて，手をひらいたら足はとじましょう！

ねらい
とききめ
〔 足腰強化 〕〔 巧緻性維持 〕
<ruby>巧緻性<rt>こうちせい</rt></ruby>

楽しみかた

① 頭の上で手を合わせて，足をひらきます。
② 頭の上の手をひらいて，足をとじます。
③ この動作を４回繰り返します。

４回
繰り返す

みちお先生のケアポイント

・両腕を伸ばしてすると，運動効果がアップします！

笑いのテクニック
・間違えて，手足の動作が一緒になってしまっても笑えます！

⑯ にらめっこ腹筋

にらめっこをしながら，おへそに力を入れましょう！

|ねらい
とききめ　　（腹筋強化）

楽しみかた

① 　支援者とシニアでにらめっこをします。
② 　にらめっこをしながら，おへそに力を入れます。
③ 　相手がおもしろい顔だったら，思いっきり笑っちゃいましょう！

みちお先生のケアポイント

・おへそを手で押さえて手を押し返すようにするとうまくできます！

笑いのテクニック
・鼻の下を伸ばしたり，口を前に突き出したりすると楽しいです！

⑰ ひじひざ上げて

なるべく高く，ひじとひざを上げて足ぶみしましょう！

▌ねらい
とききめ　〔足腰強化〕

楽しみかた

① 腕を前後に振って，足ぶみをします。
② できるかぎり高くひじとひざを上げましょう！
③ ８歩で一休みします。４回繰り返します。

1歩，2歩，3歩，4歩，　5歩，6歩，7歩，8歩

４回繰り返す

みちお先生のケアポイント

・足を上げたときに，バランスをくずさないように注意しましょう！

笑いのテクニック
・１から８まで，大きな声を出して，かぞえてすると盛り上がります！

⑱ ぺったんこ体操

手と頭や，ひじとひざなど，指示された2か所の部位をくっつけましょう！

■ *ねらい*
とききめ　（ 足腰強化 ） （ 体の柔軟性維持 ）

楽しみかた

① 支援者は，「手と手」「手と頭」「ひじとひざ」「ほっぺと肩」など，体の部位を2か所言います。

② シニアは，その部位と部位を合わせます。

③ ランダムに繰り返します。

みちお先生のケアポイント

・届かない場合は，近づけるだけでもオッケーです！

笑いのテクニック

・「鼻と耳」や「頭と背中」など，絶対に無理なことを言っても，笑えます！

⑲ マネしちゃダメよ

支援者の動きにつられないように，足を動かしましょう！

▌ねらい
と ききめ 　 （ 足腰強化 ） （ 反応力アップ ）

楽しみかた

① 　支援者はシニアと向かい合わせになります。

② 　支援者が足をひらいたらシニアは足をとじます。支援者が足をとじたら
シニアは足をひらきます。

③ 　支援者はランダムに繰り返します。間違えずにできたら最高です。

みちお先生のケアポイント

・支援者は，ゆっくりとていねいな動作を心がけましょう！

笑いのテクニック
・とじると見せかけてとじない，ひらくと見せかけてひらかないフェイン
トの動作を入れるとおもしろくなります！

⑳ ハイハイ歩き

よつんばいになって歩くように手足を動かしましょう！

ねらい
ときぎめ　（足腰強化）

楽しみかた

① 両腕を前に伸ばして，手のひらを下にします。

② よつんばいで歩くつもりで，手足を動かします。

③ ８歩手足を動かして一休みします。４回繰り返します。

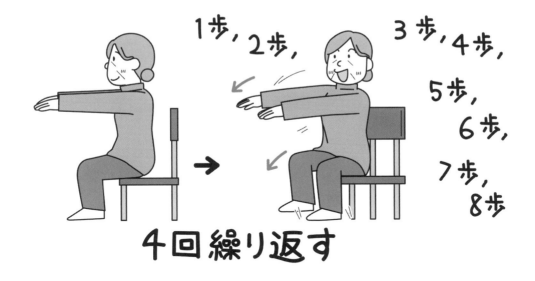

1歩，2歩，　3歩，4歩，
5歩，
6歩，
7歩，
8歩

→

４回繰り返す

みちお先生のケアポイント

・手の指を全開にすると運動効果がアップします！

笑いのテクニック

・トカゲが動くように，素早く手足を動かしたり，ピタッと止まったりすると楽しくできます！

㉑ トイレのポーズ

トイレに座るポーズをして，おへそに力を入れましょう！

ねらい とききめ	殿筋強化	腹筋維持

でんきん

楽しみかた

① イスに浅く腰かけます。
② 足を肩幅にひらいて，両手をひざに置きます。
③ 鼻から息を吸って，口から息を吐きながら，おへそに力を入れます。4回繰り返します。

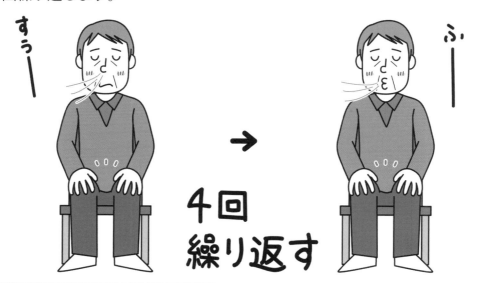

みちお先生のケアポイント

・イスから落ちないように。足の裏全体を押し付けるようにすると体が安定します。

笑いのテクニック
・息を吐いた後に，すっきりした顔をすると楽しいです！

㉒ かかしのおしり

両腕を横に伸ばして，片側のおしりを持ち上げましょう！

| ねらい
と ききめ　　(バランス力アップ)　(殿筋強化)

楽しみかた

① 両腕を横に伸ばして，手のひらを下にします。
② 片方の足を大きく上げ，おしりの片側を上げて下ろします。反対側も同様にします。
③ 一休みして，左右2回ずつします。

左右2回ずつ

みちお先生のケアポイント

・イスからの転倒に注意。バランスを維持しながら，ゆっくりとていねいに動作しましょう！

笑いのテクニック
・わざとグラグラとバランスをくずすように見せても笑えます！

㉓ おしりアップダウン

じゃんけんをして負けたらおしりを上げ下げしましょう！

▌ねらい
と ききめ 〔殿筋強化〕

楽しみかた

① 支援者とシニアでじゃんけんをします。
② 負けた人は，おしりを上げ下げします。（おしりの片側を上げて下ろす，反対側も同様）
③ グーで負けたら１回。チョキで負けたら２回。パーで負けたら５回します。繰り返して行います。

みちお先生のケアポイント

・イスに浅く腰かけてするとおしりを動かしやすくなります！

笑いのテクニック
・最後は，グーで負けたら２回，チョキで負けたら４回，パーで負けたら10回。倍にしても盛り上がります！

㉔ おしりグーパー

グーのときはおしりを引きしめて，パーのときはおしりを緩めましょう！

｜ねらい
**　ときめき**　⟨ 殿筋強化 ⟩

楽しみかた

① 　両手をグーにして，おしりを引きしめます。
② 　両手をパーにして，おしりを緩めます。
③ 　一休みして，4回繰り返します。

4回
繰り返す

▌みちお先生のケアポイント

・手とおしりを同時にするのがむずかしいときは，おしりだけの動作にしてもオッケーです！

笑いのテクニック
・グーのときは「グー！」，パーのときは「パー！」と，元気に声を出してすると盛り上がります！

㉕ かわら割り

かわら割りをするように，真下にグーでパンチしましょう！

■ ねらい
と ききめ
〔殿筋強化〕〔握力維持〕

楽しみかた

① 足を肩幅にひらいて，両手を胸の前でグーにします。
② おしりを引きしめて，「ヤー」と声を出しながら，真下にパンチします。
③ 手を替えて同様にします。（左右交互に4回ずつ）。

左右交互に4回ずつ

みちお先生のケアポイント

・②のときに，反対の肩を上に引き上げるように意識しましょう！

笑いのテクニック
・最後に，手が痛いようなポーズをすると笑えます！

㉖　うしろ歩き

うしろ歩きするように足ぶみしましょう！

▍**ねらい**
とききめ　　（バランス力アップ）　（殿筋強化）

楽しみかた

①　足を腰幅にひらいて，背筋を伸ばします。

②　うしろ歩きするように，少しずつ足を後ろに下げて足ぶみしましょう！

③　8歩足ぶみして一休みします。4回繰り返します。

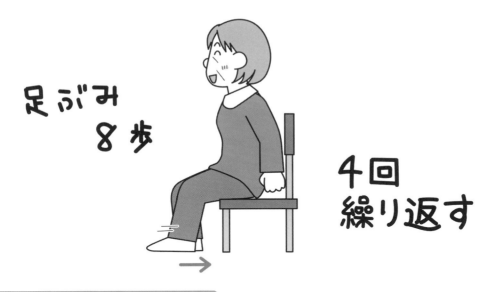

足ぶみ
8歩

4回
繰り返す

みちお先生のケアポイント

・両足を1歩前に出したところからスタートすると，動作がラクになります‼

笑いのテクニック
・最後に，ズッコケるポーズをすると笑えます！

㉗ 手足ドンパン

ドンドンパンパンのリズムに合わせて，足ぶみしたり手をたたいたりしましょう！

ねらい
とききめ リズム体感 殿筋強化

楽しみかた

① 足ぶみを２歩して（ドンドン），手を２回たたきます（パンパン）。
② 足ぶみを１歩して（ドン），手を２回たたきます（パンパン）。
③ ドンドンパンパン・ドンパンパンのリズムに合わせてどうぞ！

みちお先生のケアポイント

・足ぶみをドン，拍手をパン，動作を強めにすると運動効果がアップします！

笑いのテクニック
・「ドンドンパンパン・ドンパンパン」と声を出してすると，大いに盛り上がります！

㉘ おしりたたき

おしりを浮かせて，マッサージするようにたたきましょう！

| ねらい
とききめ | 血行促進 | バランス力アップ |

楽しみかた

① 　おしりの片側を浮かせて，片手で8回，軽くたたきます。

② 　反対側も同様にします。

③ 　左右交互に4回ずつします。

片手で
8回

左右交互に
4回ずつ

みちお先生のケアポイント

・おじぎをするようにして，上体を前に倒すとおしりが上がります。

笑いのテクニック
・最後に，「まいった，まいった」の感じで，おでこをたたくと笑えます！

㉙ 両足クロス

両足をクロスして，足と足で押し合いましょう！

ねらい
とききめ　〔殿筋強化〕〔バランス力維持〕

楽しみかた

① イスに浅く腰かけて，両手でイスを押さえます。
② 両足を前に伸ばして，片足の上に反対の足をのせます。
③ おしりを引きしめて，ひざとひざを押し合います。一休みして，足を替えて同様にします。（4回ずつ）

足を替え
同様に

みちお先生のケアポイント

・イスからの転倒に注意。支援者はシニアの近くでサポートしてください。

笑いのテクニック
・③のときに，「ヤー」とか「エイ」などと元気に声を出してすると，盛り上がります！

㉚ ヒップアップ

上体を前に倒して，おしりを少し持ち上げましょう！

❚ ねらい
と ききめ 〔殿筋強化〕

楽しみかた

① 足を肩幅にひらいて，両手をひざに置きます。
② 上体を前に倒して，ほんの少しおしりを持ち上げます。
③ 一休みして，４回繰り返します。

４回
繰り返す

みちお先生のケアポイント

・おしりが持ち上がらないときは，持ち上げようとする意識だけでもオッケーです！

笑いのテクニック
・動作の前に「せーのー」と元気に声を出してからすると，盛り上がります！

㉛ 豆まき体操

元気に声を出して，豆まきのマネをしましょう！

| ねらい
とききめ　　（ 反応力アップ ）（ 手先の器用さ維持 ）

楽しみかた

① 　支援者が両手の人差し指を鬼の角にして鬼のマネをしたら，シニアは「鬼は外！」と言って，豆をまくマネをします。

② 　支援者が両手の人差し指をほっぺにつけてニッコリ笑ったら，シニアは「福は内！」と言って，豆をまくマネをします。

③ 　支援者は，鬼と福をランダムに繰り返します。

みちお先生のケアポイント

・リラックスして，腕を振って投げてみましょう！

笑いのテクニック
・「鬼は外！」「福は内！」元気に声を出してすると楽しいです！

㉜ とじたり押したり

足をとじて，ひざとひざを押し合いましょう！

ねらい
とききめ 足腰強化

楽しみかた

① 足をとじて，背筋を伸ばします。
② 両手を合わせて，ひざの間にはさみます。
③ できるかぎり力一杯に両ひざで押し合います。一休みして，４回繰り返します。

４回
繰り返す

みちお先生のケアポイント

・むずかしいときは，手をはさまずにひざだけで押し合ってもオッケーです！

笑いのテクニック
・③のときに，「エイ」とか「ヤー」などと元気に声を出してすると盛り上がります！

33 片手片足伸ばし

片手を上に伸ばして，片足を前に伸ばしましょう！

ねらいときき め　腕のストレッチ　足腰強化

楽しみかた

①　胸を張って，右腕を上に伸ばします。
②　（①をキープしたまま）かかとを前に押し出すようにして右足を前に伸ばします。
③　一休みして，反対側も同様にします。（左右４回ずつ）

みちお先生のケアポイント

・②のあとに，もうひと伸びすると効き目がさらにアップします！

笑いのテクニック

・最後に，「超気持ちいい～」と声を出して終わると楽しいです！

㉞ あっちこっちグーパー

シニアは支援者の動きをそっくりまねてグーパーしましょう！

▌ねらい
　とききめ　　〔 反応力アップ 〕〔 腕のストレッチ 〕

楽しみかた

① 　支援者はシニアと向かい合わせになります。

② 　支援者は，グーのときは，胸の前で両手をグーにします。パーのときは，両腕を上に伸ばしたり，前に伸ばしたり，横（左右）に伸ばしたり，下に伸ばしたりします。

③ 　シニアは支援者のマネをします。ランダムに繰り返します。

グー　　　　パー

上　　　前

横

みちお先生のケアポイント

・支援者はシニアが動作しやすいように，ゆっくりとていねいに手を動かしましょう！

笑いのテクニック

・グーパーのパーを出すところで，グーを出すと思わず笑っちゃいます！

㉟ 数字で首体操

数字を聞いて，顔を上下左右のいずれかに動かしましょう！

▌ねらい
とききめ　　（反応力アップ）（首のストレッチ）

楽しみかた

① 　1は右を向く，2は左を向く，3は上を向く，4は下を向きます。
② 　支援者は1から4のいずれかを言い，シニアはその動作をします。
③ 　これをランダムに繰り返します。

みちお先生のケアポイント

・急がないように。ゆっくりとていねいに動作できるようにしましょう！

笑いのテクニック
・1から4の数字のほかに，「笑って」「驚いて」「怒って」などを入れて
　も楽しいです！

36 ひらくひらかない体操

手とひざで押し合いましょう！

ねらいとききめ　足腰強化

楽しみかた

① 両手をひざの上に置いて，ひざをとじます。
② 両手でひざがひらかないように，ひざはひらくように押し合うように力を入れます。
③ 一休みして，4回繰り返します。

4回
繰り返す

みちお先生のケアポイント

・イスに浅く腰かけてすると，動作が楽にできます！

笑いのテクニック

・ひらかないはずのひざが……，おもいっきりひらいてしまっても笑えます！

㊲ ふうせん体操

ふうせんの空気が抜けるように息を吐き出しましょう！

┃ ねらい
┃ とききめ （ リラックス ）

楽しみかた

① 足を肩幅にひらいて，両腕を下に伸ばします。
② 肩を上げて，鼻から空気を吸い込みます。
③ ふうせんの空気が抜けるように「プシュー」と言って，口から息を吐きながら脱力します。一休みして，４回繰り返します。

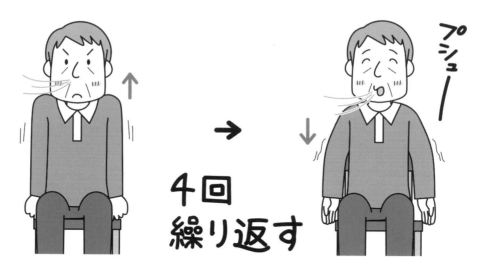

みちお先生のケアポイント

・むずかしいときは，息を吸って肩を上げて，息を吐いて肩を下げるだけでもオッケーです！

笑いのテクニック
・息を吐いた後に，頭を倒して，居眠りするマネをしても笑えます！

38 この指とまれ

支援者があっちこっちに差し出した指をシニアはつかみましょう！

| ねらい
とききめ | 肩の柔軟性維持 　反応力アップ |

楽しみかた

① 　支援者は人差し指を出して，シニアはその指をつかみます。

② 　前，横，上など，支援者は，シニアの届きそうな範囲に指を差し出し，シニアは手を伸ばして指をつかみます。

③ 　ランダムに繰り返します。

みちお先生のケアポイント

・支援者は，シニアの体力レベルに合わせて，指を差し出してください！

笑いのテクニック

・完全にシニアの手が届かないようなところに指を出しても笑えます！

㊶ グーは上，パーは横

グーの手は上に伸ばして，パーの手は横に伸ばしましょう！

(腕のストレッチ)

楽しみかた

① 片手はグー，反対の手はパーにします。
② 「ヤー」と言いながら，グーの手は（腕を）上に伸ばして，パーの手は（腕を）横に伸ばします。
③ 手を替えて，同様にします。

手を替えて
同様に

みちお先生のケアポイント

・元気に声を出して，どうぞ！

笑いのテクニック
・間違えても，笑って，楽しんでください！

48

㊵ そっくり投げ

同じ投げ方でビーチボールをパスするマネをしましょう！

| ねらい
とききめ | 肩の柔軟性維持　記憶力維持 |

楽しみかた

① 支援者はシニアと向かい合わせになります。

② 支援者はビーチボールを両手で下から投げたり，頭の上から投げたり，胸の前から投げたりするマネをします。

③ シニアはキャッチしたら，支援者と同様のしかたで投げ返します。楽しんでどうぞ！

下から　　　頭の上から　　　胸の前から

みちお先生のケアポイント

・はじめは，両手で下から投げるマネからすると，やさしくてかんたんです！

笑いのテクニック

・片手で上から投げたり，ボーリングのように転がしたり，いろんな投げ方を混ぜるとあきずに楽しめます！

コラム②

ビニールふうせん体操の効用

まず，ビニールふうせんの作り方から。

材料は，スーパーにある無料のポリ袋です。

有料のレジ袋ではなく，巻かれていて，引っ張って切って使う，あのビニールの袋です。

これに空気を入れて，端を縛って止めるだけ。

はい出来上がり。

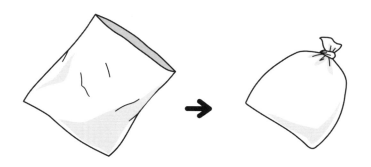

ビニールふうせんを手のひらで，落とさないように連続で突いてみます。

軽くて，壊れやすいので，**力の加減が必要です。**

手で突いているうちに，自然に，力の入れ具合を覚えていきます。

ちょうど，紙ふうせんで遊ぶ感覚に似ています。

手で突いているうちに，**楽しくて，いつの間にか夢中になってしまいます。**

シニアに，ちょうどよい運動になります。

ビニールふうせんは，軽くて，当たっても痛くありません。

楽しく体を動かすことができます。

シニアの体操の道具としても，ピッタリです。

ここからは，ビニールふうせんを使った体操をご紹介します。

① うしろでキャッチ

ビニールふうせんを背面でキャッチしましょう！

ねらい と ききめ ⟨ 肩の柔軟性維持 ⟩

楽しみかた

① ビニールふうせんを頭の上からうしろに落とします。

② 両手を後ろ（腰あたり）にまわして，ビニールふうせんをキャッチします。

③ 10回中，何回成功できるかトライしましょう！

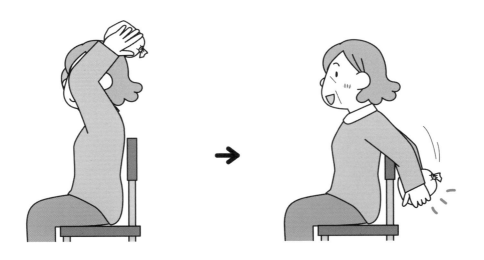

みちお先生のワンポイント

・頭のうしろからそのまま下に落とすのがコツです。

笑いのテクニック

・支援者はシニアが成功したら，拍手したり，ほめたりすると盛り上がります！

❷ しりとりパス

しりとりをしながら，ビニールふうせんをパスしましょう！

┃ ねらい
と ききめ　(判断力アップ)　(手先の器用さ維持)

楽しみかた

① 　支援者はシニアと向かい合わせになります。

② 　支援者は，シニアにビニールふうせんを両手で下からパスします。

③ 　シニアも同様にして交互に繰り返します。ふたりでしりとりをしながら
どうぞ！

みちお先生のワンポイント

・ふたりの間隔を短くするとかんたんに，遠くはなれるとむずかしくなり
ます。

笑いのテクニック

・１分間に，何回繰り返せるか，目標を決めてすると楽しめます！

③ どうぶつまわし

どうぶつの名前を呼んで，ビニールふうせんをトスしましょう！

■ ねらい
とききめ (集中力アップ) (手先の器用さ維持)

楽しみかた

① 　3，4人でします。うさぎ，くま，ぞう，きりんなど，それぞれの人に動物の名前をつけます。

② 　全員で，ビニールふうせんを，交互に手で突いて落とさないようにします。

③ 　手で突くときに，必ず次の人の動物の名前を呼びます。間違えても，楽しんでどうぞ！

> くま！

みちお先生のワンポイント

・はじめに，それぞれの動物の名前を覚えるところからはじめましょう！

笑いのテクニック

・つきのわぐま，はつかねずみ，にほんかもしか，ほっきょくぐまなど，長い名前の動物にすると，混乱しておもしろくなります！

④ ひざキャッチ

ビニールふうせんを上に投げて，ひざの上でキャッチしましょう！

ねらい
とききめ 　 集中力アップ 　 手先の器用さ維持

楽しみかた

① 　ひざを閉じて，背筋を伸ばします。
② 　ビニールふうせんを両手で上に投げます。
③ 　落ちてきたビニールふうせんが，ひざの上にのったら大成功です！

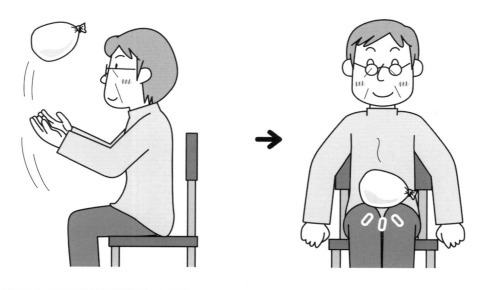

みちお先生のワンポイント

・ビニールふうせんを真上に投げるように意識しましょう！

笑いのテクニック

・ビニールふうせんを投げずに，そのままひざの上に置いてしまう！？
　のも笑えます！

❺ ひとりトス

ビニールふうせんを落とさないようにして，連続して手で突きましょう！

| ねらい ときめ | 集中力アップ | 手先の器用さ維持 |

楽しみかた

① ビニールふうせんを上に投げます。
② ビニールふうせんを落とさないようにして，連続して突きます。
③ 10回連続でできたら大成功です！

みちお先生のワンポイント

・手で突くのがむずかしいときは，両手で上に投げて両手でキャッチするようにしてもオッケーです！

笑いのテクニック
・元気に声を出して，数をかぞえると盛り上がります！

❻ ダブルキャッチ

ビニールふうせんを2つ同時にキャッチしましょう！

ねらい
とききめ 〔 集中力アップ 〕 〔 手先の器用さ維持 〕

楽しみかた

① ビニールふうせんを2つ用意します。

② ビニールふうせんを2つ同時に上に投げます。

③ 2つとも落とさずにキャッチできたら大成功です！

みちお先生のワンポイント

・両手を近づけてするとかんたんに，離してするとむずかしくなります。

笑いのテクニック
・2つとも，手にかすりもせずに落ちると，笑っちゃいます！

❼ 目をとじて

目をとじて，ビニールふうせんを両手でキャッチしましょう！

| ねらい
ときめき | 集中力アップ | 手先の器用さ維持 |

楽しみかた

① ビニールふうせんを両手で上に投げます。

② 目をとじて，両手を前に差し出して，手のひらを上にします。

③ 目をとじたままで，見事ビニールふうせんをキャッチできたら大成功です！

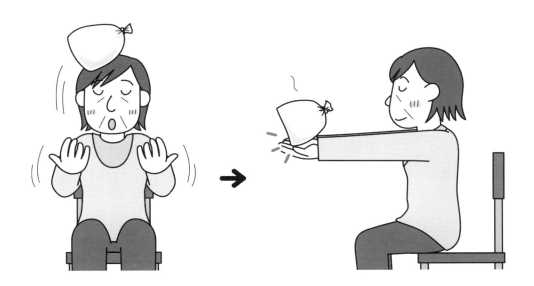

みちお先生のワンポイント

・はじめから目をとじるのではなく，投げた後に目をとじます。

笑いのテクニック

・成功したら，大きな拍手をすると盛り上がります！

⑧ ヘッドでキープ

ビニールふうせんを頭の上にのせてキープしましょう！

**ねらい
とききめ** 〔 バランス力アップ 〕

楽しみかた

① ビニールふうせんを頭の上にのせます。
② 手を2回たたいたら，ビニールふうせんを両手でつかみます。
③ ビニールふうせんを落とさずにできたら大成功です‼

みちお先生のワンポイント

・むずかしいときは，手をたたく回数を1回にしてもオッケーです‼

笑いのテクニック
・できるかぎりたくさん手をたたくようにしても盛り上がります！

❾ ふたりでトス

ビニールふうせんを落とさないように, 交互に手で突きましょう!

▎ねらい
ときめき

〔 手先の器用さ維持 〕

楽しみかた

① 支援者はシニアと向かい合わせになります。
② ビニールふうせんを落とさないようにして, ふたりで交互に手で突きます。
③ 10回連続でできたら大成功です!

みちお先生のワンポイント

・無理をしないように。自分の手の届く範囲でしましょう!

笑いのテクニック
・声を出してかぞえながらすると, 盛り上がります!

⑩ 連続キック

ビニールふうせんを２回連続で蹴り上げましょう！

▌ねらい
とききめ （集中力アップ） （足腰強化）

楽しみかた

① 　ビニールふうせんを両手で上に投げます。
② 　落ちてきたビニールふうせんをひざで上に蹴り上げます。
③ 　２回連続でできたら大成功です！

みちお先生のワンポイント

・むずかしいときは，１回だけでもオッケーです！

笑いのテクニック
・足で蹴るはずが……，頭で突いたら笑えます！

おわりに

体操は「テレビ」より「リアル」

「テレビの体操では，シニアは動かない」

ある現場スタッフの証言です。

運動不足解消のためにも，シニアに少しでも体を動かしてもらいたい。
でも，現場スタッフがいっしょに体操をする時間を捻出できない。
苦肉の策として，選んだのがテレビ体操です。

シニアが食堂に集まって，DVDの画像を見ながら体操をします。
これなら現場スタッフの手間も省けます。
ところが，実際にやってみると……。
体を動かすのは，全体の1割程度。
ほとんどの人は，何もしないか，居眠りするか。

やはり体操は，テレビより人がやったほうがよい。
ということのようです。

「体操をして健康を維持したい」
と，強く思う人なら，テレビを見て体操をするかもしれません。
　でも，ボクが現場でお会いするシニアは違います。
「健康のために体操をする」という人はごくわずか。
　ご自分の興味や関心のないことはしません。
つまらないと思うことはやらないのです。

「テレビを見ながら，ご自分で体操をしてください」
と言うことが，いかに無理なことか。
　はっきりとわかりました。

ボクの理想の体操は，宴会のようにする体操です。

宴会と言うと……。
歌って，踊って，手拍子して。
笑いにつられて，楽しさにつられて，体が動く。
理由なんてなしに，楽しいからする。
こんな宴会のような，楽しさにつられて体が動く体操が理想です。

ボクが現場で出会うシニアには，まさにピッタリです。
これをテレビの体操で実現するのは，まず不可能でしょう。

「自ら体を動かしたい」

シニアにそう感じてもらいたいならば，テレビはやめましょう。
実際に，人が，体操しましょう！
宴会のように，気軽に，笑って，楽しんで。

お酒はなくても，宴会のように楽しくできます。

　令和6年5月
　　　　　楽しい体操インストラクター　斎藤道雄

著者紹介
●斎藤道雄

体操講師，ムーヴメントクリエイター，体操アーティスト。
クオリティ・オブ・ライフ・ラボラトリー主宰。
自立から要介護シニアまでを対象とした体操支援のプロ・インストラクター。
体力，気力が低下しがちな要介護シニアにこそ，集団運動のプロ・インストラクターが必要と考え，運動の専門家を数多くの施設へ派遣。
「お年寄りのふだん見られない笑顔が見られて感動した」など，シニアご本人だけでなく，現場スタッフからも高い評価を得ている。

［お請けしている仕事］
○体操教師派遣（介護施設，幼稚園ほか）　○講演　○研修会　○人材育成　○執筆
［体操支援・おもな依頼先］
○養護老人ホーム長安寮
○有料老人ホーム敬老園（八千代台，東船橋，浜野）
○淑徳共生苑（特別養護老人ホーム，デイサービス）ほか
［講演・人材育成・おもな依頼先］
○世田谷区社会福祉事業団
○セントケア・ホールディングス（株）
○（株）オンアンドオン（リハビリ・デイたんぽぽ）ほか

［おもな著書］
○『脳も体も一緒に元気になる幸せ体操40　付・みんなが幸せになれるゲーム10』
○『脳も体も一緒に元気になる長生き体操40　付・タオル体操10』
○『脳も体も一緒に元気になる健康体操40　付・新聞棒体操10』
○『思いっきり笑える！　シニアの足腰を強くする転ばない体操40　付・ペットボトル体操10』
○『思いっきり笑える！　シニアの笑顔ストレッチ＆体ほぐし体操40　付・新聞紙体操10』
○『思いっきり笑える！　要介護シニアも集中して楽しめる運動不足解消体操40　付・お手玉体操10』
○『思いっきり笑える！　シニアの介護予防体操40　付・支援者がすぐに使える笑いのテクニック10』
○『しゃべらなくても楽しい！　椅子に座ってできるシニアの1，2分間筋トレ体操』
　　　　　　　　　　　　　　　　　　　　　　　（以上，黎明書房）ほか多数

［お問い合わせ］
ホームページ「みちお先生の体操指導QOLラボ」：http://qollab.online/
メール：qollab.saitoh@gmail.com

＊イラスト・さややん。

シニアのズルして足腰＆おしりを鍛える体操40
付・爆笑ビニールふうせん体操10

2024年7月1日　初版発行

著　者	斎　藤　道　雄
発行者	武　馬　久仁裕
印　刷	藤原印刷株式会社
製　本	協栄製本工業株式会社

発　行　所　　　　　　　　　　株式会社　黎　明　書　房

〒460-0002　名古屋市中区丸の内3-6-27　EBSビル　☎052-962-3045
FAX 052-951-9065　振替・00880-1-59001
〒101-0047　東京連絡所・千代田区内神田1-12-12　美土代ビル6階
☎03-3268-3470

脳も体も一緒に元気になる幸せ体操40 **付・みんなが幸せになれるゲーム10** 斎藤道雄著　　　　　　B5・63頁　1720円	脳も体も一緒に健康！　できてもできなくても楽しい「なりきりロックバンド」などの体操40種と，勝ち負けにこだわらないみんなが幸せな気持ちになれるゲーム10種を紹介。2色刷。
脳も体も一緒に元気になる長生き体操40 **付・タオル体操10** 斎藤道雄著　　　　　　B5・63頁　1720円	運動不足解消と脳の活性化が同時にできる，思わず笑いが生まれる「数えてグーチョキパー」などの体操40種と，タオルを使った簡単で楽しい体操10種を紹介。2色刷。
脳も体も一緒に元気になる健康体操40 **付・新聞棒体操10** 斎藤道雄著　　　　　　B5・63頁　1720円	運動不足解消と脳トレが同時にできる40種の健康体操を収録。「だるまさんがころんだ」などの体操で，頭と体を楽しく動かしましょう！　新聞棒を使った簡単で楽しい10の体操も紹介。2色刷。
思いっきり笑える！　シニアの足腰を強くする **転ばない体操40　付・ペットボトル体操10** 斎藤道雄著　　　　　　B5・63頁　1720円	足腰を強くし運動不足も解消する一挙両得の「つまずかない転ばない体操」で，シニアも支援者も笑顔に！　ペットボトルを使った簡単で盛り上がる体操も紹介。2色刷。
思いっきり笑える！　シニアの笑顔ストレッ **チ＆体ほぐし体操40　付・新聞紙体操10** 斎藤道雄著　　　　　　B5・63頁　1720円	笑顔ストレッチで脱マスク老け！　「レロレロ体操」「キリンの首伸ばし」などの楽しい体操で，全身をほぐしましょう。新聞紙を使った簡単で盛り上がる体操も紹介。2色刷。
思いっきり笑える！　要介護シニアも集中して楽 **しめる運動不足解消体操40　付・お手玉体操10** 斎藤道雄著　　　　　　B5・63頁　1720円	しゃべらなくても楽しい体操で運動不足解消！シニアも支援者（おうちの方）も集中して楽しめる体操がいっぱいです。お手玉を使った体操も紹介。2色刷。
思いっきり笑える！　シニアの介護予防体操40 **付・支援者がすぐに使える笑いのテクニック10** 斎藤道雄著　　　　　　B5・63頁　1720円	日常生活の動作も取り入れた体操40種と，体操をもっと面白くする支援者のための笑いのテクニックを10収録。立っていても座っていても出来て，道具も必要ないので安心。2色刷。
シニアのクイズ＆パズル＆算数遊び・言葉 **遊び44** 脳トレーニング研究会編　B5・71頁　1780円	頭を楽しく酷使するしりとり遊び，とんち判じ絵，虫食い算，二字熟語パズル，日本史クイズ，記憶力遊び，迷路遊び，間違いさがし，クロスワードパズル，推理遊びなど満載。カラー8頁。
シニアのクイズ＆都道府県パズル・クイズで **楽しく脳トレ** 脳トレーニング研究会　　B5・71頁　1760円	身近な都道府県をテーマにしたクロスワードパズル，間違いやすい県名クイズ，お隣でない都道府県クイズ，都道府県不思議クイズの他，判じ絵や間違いさがし，など47種収録。カラー8頁。

表示価格は本体価格です。別途消費税がかかります。

■ホームページでは，新刊案内など，小社刊行物の詳細な情報を提供しております。「総合目録」もダウンロードできます。
http://www.reimei-shobo.com/